PHOTOSHOP

Contenido

Premisa

Adobe Photoshop CC es uno de los softwares más conocidos del mundo y, tal vez aún más impresionante, también es el primer software comercial que se ha convertido en un verbo. (¿Cuántas veces has oído la palabra photoshopear?)

A menos que haya mantenido los ojos cerrados durante la última década o dos, definitivamente ha visto imágenes que se han editado con Photoshop. En los próximos capítulos, trabajará en algunos proyectos que le presentarán a Photoshop y le ayudarán a crear algunas buenas prácticas de flujo de trabajo. También compartiremos consejos y recursos que puede usar para obtener más información e independientemente. Este libro es intencionalmente diferente de la mayoría de los libros de Photoshop porque está diseñado para utilizar métodos de aprendizaje basados en proyectos.

Eso significa que no vamos a enseñarte algo que está fuera de contexto. Cuando necesitas usar una herramienta, la enseñamos y esto hace que aprender sea mucho más atractivo y práctico. Tu tiempo es precioso y Photoshop es divertido, así que iremos directamente al grano.

Otra cosa que es realmente diferente en este libro es que tenemos la intención de evitar intencionalmente el enfoque realmente ingenuo de muchos tutoriales. Te animamos a usar tus imágenes, explorar tu configuración y asegurarte de ver vídeos en los que haya más tiempo para explicar por qué usas una determinada configuración. Cuando se utiliza Photoshop, rara vez hay ajustes que funcionan en todas las circunstancias en todas las imágenes.

Le explicaremos lo que está mirando y por qué utilizar ciertas configuraciones. Esto debería ayudarle a averiguar cómo aventurarse por su cuenta en cualquier software.

¡Disfrutar! Hablo en serio. ¡Este es un objetivo para nosotros y esperamos para ti también! Cuando te estás divirtiendo estás aprendiendo más, es más probable que recuerdes lo que estás aprendiendo, y es más fácil concentrarte. Cada proyecto puede no ser naturalmente su estilo, pero trataremos de hacerlo lo más divertido y gratificante posible. Siéntase libre de explorar y personalizar proyectos en el libro para adaptarse a sus propios gustos e intereses.

Cuando te animemos a explorar una idea o concepto, sé libre de experimentar. Diviértete, bromea y disfruta de tus nuevos superpoderes. Aprenda Adobe Photoshop a su manera cuando realice los proyectos de libros, realmente esperamos que sienta la libertad de explorar y personalizar proyectos. Por supuesto, te invitamos a seguirnos con precisión, pero no dudes en cambiar el texto o los estilos según tus intereses.

Además del trabajo práctico de aprendizaje con Photoshop, queremos que desarrolles las habilidades que necesitas para convertirte en un artista más creativo y cooperativo. Aunque estas habilidades se prueban en los exámenes asociados certificados de Adobe, también son habilidades críticas para el éxito. Cada empleador aprecia a las personas creativas que pueden trabajar y pueden comunicarse bien con los demás. Esto es especialmente cierto en el diseño gráfico y otras áreas creativas. Como resultado, también te guiaremos a través de algunos conceptos básicos de creatividad, diseño para otros, trabajo con otros y gestión de un proyecto.

Capítulo 1: Conceptos Básicos

Antes de empezar con la aplicación, vamos a asegurarnos de que sabemos cómo iniciar Photoshop y trabajar con su interfaz. En esta breve sección se presentará la interfaz, que le mostrará cómo personalizar la configuración para organizar el espacio de trabajo exactamente como desee y, a continuación, guardar el diseño de la pantalla. Es un poco como ajustar el asiento del conductor de una manera preestablecida en un coche de lujo. Una vez que configure Photoshop exactamente como desee, la selección de una opción establecerá perfectamente toda la aplicación para su espacio de trabajo.

Creatividad

"Un aspecto esencial de la creatividad es no tener miedo de fracasar." – Edwin Land

El propósito de todos los técnicos detrás del software de Photoshop es permitirle ser creativo. Hay un terrible malentendido si crees que la creatividad es algo con lo que naciste, es decir, algunas personas lo tienen y otras no. ¡No es verdad! Si bien algunas personas pueden ser naturalmente mejores en tareas creativas, todos podemos llegar a ser personas más creativas. Como cualquier otra actividad, la creatividad simplemente requiere práctica.

La única manera de mejorar es experimentar, explorar e incluso fracasar. Usted podría desafiar la precisión de estos porcentajes, pero por favor hacerlo creativamente. De hecho, el fracaso es una gran parte de la creatividad y una parte esencial del proceso de creatividad. ¡Así que celebra y disfruta de tus fracasos! El arte es una actividad muy experimental, incluso los mejores artistas hacen un montón de basura, de hecho, una diferencia entre un artista capaz y un principiante es que los profesionales aprenden a sentirse cómodos con el fracaso como parte del proceso.

¡Cada uno de nosotros tiene 100000 ideas de mala calidad, pero un artista real ha utilizado (dejar a un lado y experimentado) muchas de estas ideas en comparación con el resto de nosotros! Y no te preocupes si te sientes como un artista principiante, al final de este libro, tendrás otras maneras de desarrollar aún más tu creatividad y fortalecer tus músculos creativos. ¡Sólo toma algún tiempo en un gimnasio creativo!

Interfaz

La interfaz de Photoshop suele estar preestablecida, pero es altamente personalizable. Comencemos con la disposición predeterminada (llamada Essentials) para discutir las características del espacio de trabajo:

- Panel de Herramientas: Contiene todas las herramientas que puede utilizar en Photoshop. Es importante saber que cada icono de la barra de herramientas representa una pila de herramientas a las que puede acceder haciendo clic en el icono de la herramienta.

- Barra de opciones: este es un área sensible al contexto donde puede seleccionar opciones para la herramienta actual. Estas opciones pueden ser complicadas cuando empiezas con Photoshop. Si no ves las opciones que quieres en esta área, comprueba dos veces para asegurarte de que has seleccionado la herramienta correcta.

- Barra de menús: esta es la barra de menús de la aplicación estándar que muestra todos los menús de Photoshop.

- Selector de espacio de trabajo: este menú de la barra de opciones le permite elegir espacios de trabajo preestablecidos y guardar el diseño personalizado de Photoshop.

- Paneles: esta área altamente personalizable incluye los paneles predeterminados para la aplicación. Estos se pueden personalizar, mover, reorganizar o escalar fácilmente a sus necesidades. Veremos cómo hacerlo en un rato.

- Ventana documento: esta área contiene el espacio de trabajo y el lienzo.

La interfaz de Photoshop tiene varios espacios de trabajo preestablecidos que configuran rápidamente la interfaz para simplificar tareas específicas. También puede personalizar o cambiar el tamaño del espacio de trabajo según sus necesidades y guardar esas configuraciones como la configuración del área de trabajo.

- Esenciales: Este es el espacio de trabajo predeterminado, que incluye las herramientas más utilizadas.

- 3D: Este espacio de trabajo incluye herramientas para trabajar con imágenes 3D.

- Movimiento: este espacio de trabajo cuenta con herramientas de vídeo y animación.

- Pintura: Utilice este espacio de trabajo cuando planee crear pinturas digitales y desee que la configuración de color y pincel esté al alcance de la mano.

- Tipografía: Este espacio de trabajo es útil para desarrollar texto y diseño de logotipos, ya que presenta opciones para refinar la configuración de fuentes y párrafos.

- Fotografía: La edición de fotografías es una parte importante de la carga de trabajo de Photoshop, y este espacio de trabajo pone las herramientas adecuadas en primer plano.

Para abrir un espacio de trabajo y restaurarlo a su diseño predeterminado:

1. En el selector de espacio de trabajo, seleccione el valor predeterminado del espacio de trabajo que desea utilizar.

2. Elija Ventana > Espacio de trabajo y elija el espacio de trabajo para el espacio de trabajo que desea utilizar.

3. Para restablecer su valor predeterminado, seleccione el espacio

de trabajo predeterminado para el área de trabajo que desea restaurar.

4. Elija "Restaurar el nombre del espacio de trabajo actual" en el selector del espacio de trabajo o elija Ventana> Espacio de trabajo> Restablecer el nombre del espacio de trabajo actual. (El espacio de trabajo actual aparecerá como una opción de menú.)

Además de los espacios de trabajo preestablecidos, Photoshop le permite crear y guardar espacios de trabajo personalizados en función de sus preferencias personales y flujos de trabajo.

Capítulo 2: Organización

Los espacios de trabajo personalizados le permiten configurar rápidamente la interfaz para usuarios, trabajos y flujos de trabajo específicos. Simplemente tiene que establecer la interfaz exactamente como desee y, a continuación, guardar la configuración como un nuevo espacio de trabajo. Para crear un espacio de trabajo personalizado:

1. Elija Ventana > Espacio de trabajo > Nuevo espacio de trabajo, seleccione Nuevo espacio de trabajo.
2. Escriba un nombre para el espacio de trabajo. Si desea guardar las personalizaciones que haya realizado en los menús (Edición> Menús) o métodos abreviados de teclado (Edición > Métodos abreviados de teclado), seleccione también estas opciones.
3. Haga clic en Guardar.

4. Organice los paneles como desee. El espacio de trabajo se actualizará automáticamente con cada cambio.

Después de crear el espacio de trabajo, puede mover fácilmente paneles y grupos de paneles para personalizar la configuración de la interfaz exactamente como desee. Un grupo de paneles es una agrupación con fichas de varios paneles. Para reorganizar un panel en el mismo grupo, arrastre la pestaña del panel y suelte el botón del ratón cuando los paneles aparezcan en el orden que desee.

Para crear un nuevo grupo, arrastre una pestaña del panel y suelte el botón del ratón cuando se resalte una luz azul. Para combinar un panel con otro grupo, arrastre la pestaña del panel a otro grupo de paneles y suelte el botón del ratón cuando aparezca una barra de resaltado azul alrededor del panel. Para mover paneles y grupos, arrastre esa pestaña del panel. Para arrastrar un grupo completo, arrastre el grupo desde la barra de título hacia la derecha, donde terminan las pestañas.

Archivo

Puede organizar el espacio de trabajo como desee. Un espacio de trabajo configurado correctamente realmente puede ayudarle a trabajar de manera más eficiente. Como artista digital, generarás y trabajarás con muchos documentos en tu ordenador. Es un buen hábito desarrollar un sistema de organización que garantice que puede realizar un seguimiento de todos los proyectos y archivos. Aunque no voy a entrar en detalles, hablemos brevemente de un par de buenos hábitos organizativos que se pueden usar al leer este libro. Uno de los consejos más importantes que puedo compartir es simplemente tener una ubicación designada para su trabajo con Photoshop. También le sugiero que lo haga fácilmente accesible y a uno o dos clics del cuadro de diálogo Guardar. Si crea una carpeta llamada Photoshop en esa ubicación, puede acceder rápidamente a los documentos mientras abre o guarda su trabajo.

En general, la carpeta Mis documentos es un gran lugar para guardar su trabajo, ya que todos los sistemas operativos tienen un enlace rápido a esta ubicación dentro del cuadro de diálogo Guardar y puede personalizar su ubicación en la configuración del sistema. Si tiene una gran cantidad de archivos en esta ubicación, un truco bien conocido de los usuarios del equipo es forzar carpetas en la parte superior de la lista mediante la inserción de signos de exclamación al principio del nombre de archivo. Por ejemplo, asignando un nombre a la carpeta de Photoshop alfabéticamente con el resto de las carpetas. En un PC, asignando el nombre ¡¡Photoshop!!, la carpeta la volará a la parte superior de la lista. Puede utilizar el mismo truco para forzar carpetas en la parte inferior de la lista introduciendo la letra "z" al principio del nombre. Para Mac OS, puedes usar guiones bajos para forzar carpetas en la parte superior.

Respaldo

Otro consejo importante es tener un buen sistema para respaldar su trabajo. Puede hacerlo manualmente copiando su trabajo en un disco duro externo portátil programando copias de seguridad regulares a través de software de copia de seguridad o copia de seguridad automática de su trabajo utilizando servicios gratuitos disponibles en línea. Con su cuenta gratuita de Creative Cloud, recibirá dos gigabytes en línea gratuitos para su almacenamiento (así como muchas otras ventajas). Durante el desarrollo de este libro, guardé todos mis documentos en mi carpeta de Creative Cloud, que automáticamente realizó una copia de seguridad de mis datos tan pronto como los guardé en esa carpeta (siempre y cuando estuviera conectado a Internet).

Al registrarse para obtener una cuenta gratuita de Creative Cloud, puede descargar aplicaciones de Adobe de forma gratuita durante 30 días. Además, cada vez que actualices una aplicación, podrás obtener otro mes de uso gratuito para probar las nuevas características. Después de la prueba gratuita de 30 días, necesitará una suscripción a Creative Cloud para continuar usando el software. El uso de Photoshop nunca ha sido más conveniente: los estudiantes pueden obtener una membresía por unos pocos euros al mes. Con todo lo que aprenderás en este libro, deberías ser capaz de generar suficiente trabajo para pagar la suscripción.

Por unos euros, los alumnos pueden inscribirse en toda Adobe Suite: una colección de 30 aplicaciones informáticas y 14 aplicaciones móviles. ¡Esta es una gran oferta y le da todas las aplicaciones creativas que necesita por el mismo precio que un café al día! Muy bien, eso es todo lo que necesitas saber antes de empezar y completar proyectos en este libro para cubrir los conceptos básicos del uso de

Photoshop. Las posibilidades creativas con Photoshop son increíbles.

Capítulo 3: Corregir las Fotos

Comencemos con algunas correcciones rápidas de fotos que puede utilizar directamente en imágenes destinadas a las redes sociales y la web. Todo lo que vas a hacer en este capítulo es encontrar una manera fácil de crear un aspecto decente para una imagen en tiempo récord. Los diseños iniciales también te facilitarán cómo Photoshop descarga y guarda archivos. Sin embargo, estas soluciones rápidas y fáciles pueden no ser siempre las mejores soluciones.

Para las redes sociales o la web, sin embargo, la calidad de imagen no es honestamente muy importante. La mayoría de las plataformas en línea recomprimen sus imágenes y alteran su calidad para permitir un acceso rápido en línea. Se trata de aplicar la técnica correcta al trabajo correcto. Por ejemplo, los métodos que utilizaría para crear imágenes para impresoras de gran formato serían muy diferentes de las técnicas descritas en este capítulo. Sólo sé que la edición destructiva utilizada en este capítulo es incorrecta para cada trabajo. La edición destructiva no se puede deshacer una vez que el archivo se guarda y se cierra. Al abrir ese documento de nuevo, no puede volver al documento original, intacto.

En este caso ofrecemos excelentes soluciones rápidas y sencillas. En el siguiente capítulo, aprenderás a trabajar de forma no destructiva para que siempre puedas editar o deshacer los cambios más adelante. Esta sección es una discusión rápida sobre cómo eliminar los ojos rojos y optimizar una imagen para la web.

La mayoría de las cámaras nuevas tienen tecnología flash para reducir el efecto ojos rojos, por lo que es un problema menos común que en el pasado, pero sigue siendo un problema común en las imágenes antiguas. Ahora aprenderá algunos métodos básicos de edición de fotos para crear imágenes que están rápidamente listas para que las redes sociales se vean lo mejor posible.

Ojos Rojos

En fotografías a color antiguas tomadas con flash, a menudo es necesario eliminar los ojos rojos, especialmente de las personas con ojos claros o azules. En la mayoría de las cámaras de hoy en día e incluso móviles, el flash utiliza la tecnología para reducir el efecto de ojos rojos, pero no parece estar presente en todos los modelos todavía. La fijación es una herramienta muy simple y es una buena manera de empezar a editar su primera imagen.

Para eliminar los ojos rojos de una foto:

1. Haga clic en el icono de la herramienta Redeye, que se encuentra debajo del pincel correctivo sobre la marcha. El puntero se convierte en un visor y un cursor en forma de ojo.
2. Coloque el visor en el centro de la pupila con los ojos rojos y haga clic.

3. Repita este proceso para todos los demás ojos rojos.

¡Tu primera corrección de Photoshop está completa!

Redimensionar y Mejorar

Darás los siguientes pasos siempre que quieras preparar una imagen para las redes sociales o la web. La mayoría de las imágenes de cámara son demasiado grandes (tanto en tamaño como en peso de archivo) para uso web. Es beneficioso para usted y sus usuarios reducir las imágenes a tamaños más pequeños para acelerar el tiempo de visualización. Siempre lo recuerdo como el "RNS" para la preparación de imágenes en línea: Reducir, hacer Sharp y Guardar para la web. El primer paso es reducir la imagen. Para la web, normalmente querrás reducir tus imágenes a unos 1200 píxeles en el tamaño más grande.

Este tamaño funciona bien para los teléfonos inteligentes y la mayoría de los sitios de medios sociales, y es ideal para la web porque cuanto más pequeñas sean las imágenes mucho más rápidas se muestran. El tamaño de la imagen se mide principalmente de dos maneras fundamentales: el tamaño de la imagen (que mide la altura y el ancho de una imagen en píxeles) y el tamaño del archivo (mide el número total de bytes en una imagen). Restringir el tamaño de la imagen siempre reducirá el tamaño a bytes del archivo, por lo que el método que está aprendiendo actualmente ayuda a reducir ambos.

1. Elija Imagen > Tamaño de imagen
2. Introduzca el tamaño deseado en píxeles (1200) de ancho o altura.
3. En la parte inferior del cuadro de diálogo Tamaño de imagen, seleccione Remuestrear
4. Selecciona el método de Remuestreo adecuado en el menú. En este caso, seleccione Sharper Bicubic (Shrink) porque está reduciendo una imagen
5. Haga clic en Aceptar.

Para obtener mejores resultados, es importante especificar el modo de Remuestreo correcto. Las notas entre paréntesis junto a las opciones de Remuestreo deben ayudarle a seleccionar el método que mejor se adapte a su imagen y su uso.

Contraste

Al crear imágenes para la web, es una buena idea afilar imágenes después de haberlas reducido. Añadir contraste a los detalles borrosos hace que la imagen sea más nítida. Sin embargo, muchos métodos de nitidez, incluso dentro de Photoshop, pueden hacer que las patines o texturas suaves logren un efecto algo granulado. Para resolver este problema, Photoshop tiene un filtro llamado Máscara de Contraste que hace que sólo los bordes dentro del sujeto de la foto sean afilados mientras mantiene las texturas lisas generales de la piel, la ropa y el cielo. Veamos cómo usarlo:

1. Elija Filtro> Contraste> Máscara de contraste
2. Ajuste los siguientes ajustes en el cuadro de diálogo Máscara de contraste

a. Especifica el nivel de contraste agregado a las aristas. Las cifras más altas aumentan el contraste.

b. El radio establece el ancho del contraste que debe extenderse más allá de las aristas. Cuanto mayor sea este número, mayor será el ancho del borde.

c. Umbral ajusta la cantidad de nitidez aplicada a los espacios medios de las aristas detectadas. Los números más altos aumentan la nitidez entre estos bordes.

3. Seleccione Vista previa para comparar la imagen nítida con la original. (El cuadro siempre muestra la imagen nítida, por lo que al seleccionar Vista previa también se muestra el cambio en la propia imagen.)

4. Ajuste los ajustes hasta que los bordes de la imagen sean afilados, pero las áreas lisas (piel, ropa, cielo) todavía son suaves y se ven agradables.

5. Haga clic en Aceptar para aceptar la nitidez.

¡Eso es todo lo que hay que hacer! La nitidez de las imágenes de máscara de contraste puede ayudar a que las imágenes tengan un poco más de efecto apretando los bordes sin distorsionar áreas lisas o degradados.

Equilibrar el Color

A menudo sucede que toma fotos con una cámara digital, pero la configuración no se establece correctamente en la cámara, creando un balance de blancos problemático. Esto significa que el color de la iluminación es visible en la foto. Nuestros ojos se adaptan mucho a los colores, mientras que esto es más difícil para una cámara.

Si una cámara se establece incorrectamente o con iluminación mixta, puede obtener un color dominante donde se encuentra el color de la luz que ilumina la imagen. Corregiremos el color dominante para esta imagen y luego ajustaremos automáticamente el balance de blancos de la imagen, utilizará una función automática de Photoshop creada para resolver este problema común con fotos en fotos antiguas e iluminación mixta.

Para corregir automáticamente el equilibrio de

color de una imagen, elija Imagen > Color automático en el menú. Esto eliminará el color dominante de la imagen y equilibrará los colores de la imagen de forma autónoma. Tenga en cuenta que, al seleccionar esta configuración, se aplica automáticamente a toda la imagen. Para corregir automáticamente el balance de blancos de una imagen:

1. Elija Imagen > Color automático o pulse Mayús + Control + B (Windows) o Mayús + Comando + B (Mac OS)

2. Utilice Ctrl + Z para deshacer para que pueda comparar rápidamente las dos imágenes (Comand + Z para Mac OS).

¡Sonríe porque tu imagen será realmente genial! Usted debe ser capaz de ver que el equilibrio de color en su imagen se ha fijado fácilmente utilizando la autocorrección de color. Sin embargo, a veces tendrás que cambiar los colores a mano, pero la mayoría de las veces la autocorrección funciona perfectamente.

El siguiente paso es guardar tu imagen para compartirla en la web, las redes sociales o por correo electrónico.

Capítulo 4: Guardar los Archivos

El uso de la función Guardar para web es la mejor manera de guardar imágenes en un formato compatible con la web y funciona con cualquier actividad relacionada con Internet: redes sociales, sitios web, correos electrónicos, mensajes de texto, etc. Además, la característica está diseñada para crear archivos lo más pequeños posible, luego eliminará todos los datos innecesarios de los archivos de imagen, incluidos los metadatos (se entiende que puede seleccionar la cantidad de metadatos que desea conservar).

Guardar para la web puede crear inicialmente cierta confusión porque tiene que elegir entre varios formatos compatibles con la red. Hablemos de los tres formatos de imagen que son más populares en línea y cuándo usarlos:

- JPEG (pronunciado "jay-peg") es el formato más popular para la fotografía.

Puede establecer la calidad de imagen al guardar en Photoshop para encontrar el mejor equilibrio entre el tamaño del archivo y la calidad de imagen. Los archivos JPEG pueden finalizar con la extensión .jpg o .jpeg.

- GIF (pronunciado "jiff" o "ghif") es un formato de imagen popular para imágenes sin muchos colores. El formato también se utiliza al crear objetos muy pequeños con imágenes en movimiento o animaciones y puede incluir píxeles transparentes basados en un color específico. Las imágenes GIF se utilizan mejor para logotipos, gráficos e imágenes de clip-art que tienen pocos colores. Para imágenes de mayor calidad, el formato gif no funciona bien y debe reemplazarse por archivos PNG. Los archivos GIF terminan con la extensión .gif.

- PNG (pronunciado "ping" o "pis en gee") es un formato relativamente nuevo que fue diseñado originalmente para reemplazar gifs. Es un formato de código abierto que admite imágenes en color real, transparencia alfa, y es ampliamente compatible con aplicaciones y navegadores. En muchos sentidos, PNG ofrece una mejor extensión de los formatos JPEG y GIF y se está volviendo cada vez más popular. (Sin embargo, JPEG todavía se utiliza para fotografías porque tiende a crear archivos más pequeños.) PNG los archivos terminan con la extensión .png.

Para guardar una imagen para la web, haga lo siguiente:

1. Elija Archivo> Exportar> Guardar para web (heredado).
2. Seleccione el formato que desee para la imagen.

3. Ajusta la configuración en la parte superior del cuadro de diálogo Guardar para web para determinar la calidad de la imagen. Elija visualmente la configuración de calidad y verá que, dependiendo de la imagen, la calidad que necesitará cambiará. Muy a menudo funciona bien para crear archivos muy pequeños donde la calidad no es una preocupación importante.

4. Para especificar el tamaño de la imagen:

    a. En la esquina inferior derecha, introduzca los valores en el campo L o H o introduzca un valor en el campo Porcentual.

    b. Al seleccionar Restringir relación de aspecto (con el icono de bloqueo), el ajuste del valor en el campo W ajusta automáticamente el valor del campo H para la relación de aspecto (relación de aspecto) de la imagen.

c. Borrar relación de aspecto de restricción si desea distorsionar una imagen para lograr un determinado efecto.

5. Haga clic en Guardar y elija una ubicación para guardar el documento, dándole un nombre.

Capítulo 5: Fotos y Efectos

Ahora le ayudaremos a aprender a reparar y restaurar imágenes escaneadas antiguas. Estas imágenes tienen problemas únicos que no se producen en imágenes digitales, como polvo, arañazos, lágrimas y otros daños físicos a la foto. Las herramientas que usarás en esta sección del capítulo te ayudarán a restaurar fotos cuando hayan sido dañadas por la edad.

Transformaciones Básicas

A menudo recibe imágenes que están una al lado de la otra o al revés debido a la forma en que fueron tomadas con una cámara digital o la forma en que se colocaron en el escáner. Esta es una solución simple con un método que también puede utilizar para trabajar creativamente con imágenes y jugar con perspectiva. Este mismo método también incluye herramientas que puede utilizar para crear una imagen de espejo vertical u horizontal. Para voltear o rotar una imagen:

1. Elija Imagen > Rotación de imagen
2. En el submenú Rotación de imagen, elija la rotación correcta o voltee según sus necesidades. Recuerda que cuando volteas una imagen, obtendrás una imagen reflejada que invierte cualquier texto y número.

El recorte de imágenes es una tarea común en la industria del diseño cuando necesita cambiar el tamaño o reformular una imagen. Simplemente cambiar el recorte de una imagen puede afectar drásticamente a su apariencia. Al recortar la imagen, también está ajustando su punto focal y el equilibrio de los objetos representados, así como su armonía. Para recortar una imagen:

1. En el panel Herramientas, seleccione la herramienta Recortar.
2. Arrastre la herramienta desde la esquina superior izquierda hasta la esquina inferior izquierda para definir el área de recorte, o arrastre los controladores de recorte desde las esquinas o lados de la imagen
3. Haga clic en Confirmar en la barra de opciones para recortar la imagen.

Ahora los bordes de la imagen se han

eliminado, por lo que se pueden completar los ajustes de color. Los bordes blancos de las imágenes escaneadas pueden causar un comportamiento inesperado con herramientas de corrección dentro de Photoshop.

Recuperar Fotos

No es raro que las fotos envejecidas empiecen a cambiar de color. Esto puede deberse al amarilleo del papel o al daño causado por la luz. Hay algunas herramientas dentro de Photoshop para ayudar a solucionar rápidamente algunos de estos problemas comunes.

Más adelante, aprenderás a ajustar manualmente muchos de estos ajustes para refinarlos, pero verás en los próximos pasos que Photoshop puede hacer un gran trabajo con estas herramientas con un solo clic. Ha visto cómo la autocorrección de color en Photoshop puede corregir automáticamente el blanco inadecuado equilibrando la configuración en las fotos, pero la herramienta de tono automático es mucho más útil con fotos viejas y dañadas.

Esta herramienta establecerá automáticamente los puntos en blanco y negro en la imagen para hacer que los negros realmente negros y blancos se vuelvan verdaderamente blancos. Esto a menudo corrige las variaciones tonales, así como los problemas de color en una imagen.

Para corregir el tono y el color de la imagen:

1. Elija Imagen> Tono automático para establecer automáticamente los puntos en blanco y negro de la imagen. Cambiará significativamente, pero los resultados variarán dependiendo de la imagen de origen.

2. Elija Imagen> Color automático para ver si una corrección adicional puede ayudar. La corrección mejora la imagen, pero usted encontrará que esto no es cierto para todas las imágenes. Si la imagen parece haber empeorado, puede cancelar la operación presionando Ctrl + Z (Windows) o Control + Z (MacOS).

Estos cambios realmente pueden ayudar a

arreglar una imagen, pero la decoloración puede tardar mucho tiempo y esfuerzo en solucionarse. Dependiendo del uso, esto puede no importar mucho, pero cuando hay colores desiguales en una imagen, puede convertirlo en blanco y negro para ocultar problemas de color. Y recuerda siempre Reducir, Hacer nítido y Guardar la imagen para la Web.

A menudo puede mejorar una imagen de color débil convirtiéndolo a blanco y negro. Esto no sólo eliminará cualquier color dominante, sino que también permitirá a los usuarios centrarse en el contenido de la imagen. Las fotografías en blanco y negro también tienen un ambiente muy diferente; pueden crear un gran estado de ánimo con la belleza de los niveles claros y oscuros en una imagen.

Photoshop ofrece muchas formas de convertir a blanco y negro, pero el método dedicado (Blanco y Negro) le brinda un control total sobre cómo se representa la imagen en su forma final en blanco y negro. La elección del método de desaturación también eliminará el color de la imagen, pero no le dará ningún control sobre la imagen final. Es una buena idea usar siempre blanco y negro para obtener un resultado ideal.

Para convertir una imagen en blanco y negro:

1. Elija Imagen > Ajustes > Blanco y negro
2. Haga clic en Automático o examine las opciones en el menú Ajustes preestablecidos
3. Ajuste manualmente cada color de la imagen para obtener los resultados deseados. Algunas imágenes se verán bien después de elegir Auto o seleccionar un ajuste preestablecido, pero a menudo se puede hacer que se vea aún mejor con un poco de experimentación.
4. Haga clic en Aceptar para aceptar los cambios.

La conversión en blanco y negro ayuda a dar una sensación nostálgica que funciona bien para algunas fotos. Ahora reduzca, afina y guarde esta imagen para la web, ya que tiene las otras imágenes. Después de guardar las imágenes, cierre el documento en Photoshop sin guardar los cambios.

A veces es posible que te encuentres frente a fotos dañadas o descoloridas debido al clima, con polvo y arañazos en la imagen. Usarás muchas de las mismas herramientas que has usado en el pasado para solucionar este problema, así que entraremos en detalles aquí solo con el nuevo paso de eliminación de arañazos.

Recorta la imagen como lo hiciste antes en caso de que haya alguna esquina rota. El siguiente paso es eliminar el polvo y los arañazos de esta imagen. Hay muchos problemas pequeños en las imágenes que se pueden solucionar en un solo paso utilizando esta herramienta. Para eliminar el polvo y los arañazos:

1. Elija Filtro> Ruido> Polvo y arañazos en el menú. Se abre el cuadro de diálogo Polvo y arañazos.
2. Establezca los valores de Radio y Umbral según la imagen. Por lo general, he usado un radio de 4 y un umbral de 21 para obtener buenos resultados.
3. Haga clic en Aceptar para aceptar los cambios.

Notarás que esto hace un trabajo impresionante de eliminar polvo y arañazos en la imagen. Esta herramienta también es un poco una herramienta contundente ya que hace los mismos cambios en toda la imagen.

En resumen, este capítulo se ha centrado intencionalmente en reparar daños a las fotos que son correcciones con un solo clic o un cuadro de diálogo. Para profundizar un poco más tenemos que entrar en los tipos de herramientas que nos permiten elegir exactamente lo que se resuelve. El siguiente capítulo discutirá la mayoría de estas herramientas en profundidad y le enseñará todo lo que necesita saber para convertirse en experto en retocar fotos.

En este capítulo, utilizó funciones de Photoshop para reparar fotos dañadas, pero por supuesto puede utilizarlas para refinar excelentes fotos.

La mayoría de los cambios de imagen deben ser mínimamente invasivos. Cuidado con el error del principiante de llevarte demasiado lejos con tus cambios. La mayoría de las imágenes en revistas y anuncios se mejoran por el color. Una imagen rara vez viene perfectamente equilibrada "fuera de cámara" (OOC en el mundo del diseño). Especialmente en la publicidad, las imágenes se mejoran con un poco más de color.

Cuando los clientes piden más color en sus

imágenes, también se refieren a niveles crecientes para un mayor contraste, como el aumento de la saturación y la viveza. El aumento de la saturación aumenta todos los colores uniformemente, mientras que el aumento de la viveza aumenta los colores apagados en áreas bien saturadas de la imagen.

Para ajustar la saturación y la intensidad:

1. Elija Imagen > Ajustes > Intensidad.
2. Ajusta la intensidad y/o saturación de la imagen arrastrando cursores o insertando valores específicos.
3. Seleccione Vista previa para comparar las imágenes originales y editadas.
4. Haga clic en Aceptar para aceptar la versión modificada y ver el resultado.

Has aprendido algunos trucos rápidos increíbles para ayudar a las imágenes a alcanzar un nivel decente para compartir en la web o sitios de redes sociales. Usted ha aprendido no sólo cómo resolver problemas comunes, sino también cómo mejorar una imagen ya buena y hacerla excepcional. La mayor parte de lo que has hecho ha introducido algunas herramientas y características que son relativamente automáticas. También ha realizado la mayoría de estos cambios de imagen destructivamente, es decir, realmente ha cambiado la información de la imagen sin reservar la capacidad de deshacer o editar los cambios más adelante.

Las ediciones destructivas son a menudo correcciones de fotos "rápidas y sucias" que se pueden completar tan rápidamente que no importa mucho si necesitas rehacer el trabajo. A partir del siguiente capítulo, aplicará un flujo de trabajo no destructivo, que es una forma más deseable de trabajar porque puede eliminar o repetir todos los cambios en una imagen más adelante.

Un flujo de trabajo destructivo no siempre es malo; es menos flexible y muy resistente al cambio.

Ponte a Prueba

Recupera y escanea fotografías o fotos antiguas directamente desde la cámara para desafiarte. Esto debería animarle a experimentar y corregir estas imágenes utilizando las herramientas y técnicas que ha aprendido en este capítulo.

Nivel 1: Corregir imágenes utilizando los métodos aprendidos en este capítulo y guardar imágenes para la web.

Nivel 2: Toma tus imágenes con la cámara o la cámara digital de tu teléfono y mejorarlas.

Nivel 3: Escanea o fotografía una fotografía más antigua y descolorida y restáurela.

Capítulo 6: Corrección no Destructiva

En el capítulo anterior, aprendió a realizar muchos retoques en imágenes y algunas correcciones. Ahora vamos a cavar un poco más profundo para aprender más mediante el análisis de la característica más potente de Photoshop: capas. Las capas (o capas) son absolutamente un concepto fundamental para dominar Photoshop. Adobe introdujo capas en Photoshop 3 en 1995.

Hoy en día, casi todos los programas gráficos presentan esta importante innovación en imágenes digitales. Las capas son exactamente como las imaginas: una manera de insertar algunos elementos delante o detrás de otros. Cuando los elementos están en capas separadas, puede manipular un área sin afectar a otra, incluso si los dos están exactamente en la misma área que la imagen. En este capítulo, irás más allá de la autocorrección de una imagen e introducirás el reino de mejorar y crear nuevos elementos en tu imagen.

Aprenderás más sobre los conceptos que ya has explorado, para que puedas echar un vistazo a algunas características y herramientas nuevas realmente increíbles. Durante los ejercicios recuerda que es más importante entender lo que hace cada herramienta que lo que hace por la imagen en particular en la que estás trabajando. Es útil experimentar con las herramientas de sus imágenes y es por eso que no inserté ninguna imagen en este libro. Puede parecer una paradoja, pero, aunque experimentar puede ser un poco más difícil que seguir los cambios para una imagen en particular, es más probable que mantengas la información a largo plazo.

Llevo años usando este ejercicio para enseñar mejoras fotográficas. Estás a punto de restaurar una imagen vieja, descolorida y desgarrada. Al igual que con todos los proyectos de este libro, los conceptos que aprendes aquí se pueden adaptar y utilizar de mil maneras diferentes. Tómese un tiempo para examinar la imagen primero y pensar en las soluciones que necesitará.

Como artistas digitales, nuestros ojos son las herramientas más valiosas que tenemos. Un artista experimentado pasará un minuto mirando y pensando en la imagen antes de comenzar con los cambios. ¡Perfecciona esa habilidad visual y analítica! No te concentres tanto en lo que estás a punto de hacer que pierdas de vista el paso que se da antes de la acción: determinar lo que hay que hacer. La mayoría de los libros de Photoshop te hacen saltar de inmediato para corregir la imagen, pero ser artista de Photoshop significa pensar antes de empezar a trabajar. Por supuesto que adquirirá muchas habilidades técnicas y digitales importantes con el tiempo, pero también es importante que sepa cuándo aplicar esas habilidades.

Tomar 60 segundos para reflejar, pensar, analizar e identificar su punto de partida no es de ninguna manera tiempo perdido, por el contrario, es una práctica eficaz. Esta práctica se llama atención plena porque toma tiempo ver y ver antes de sacar conclusiones sobre cómo resolver un problema.

Nivel 1: Mira la imagen y piensa en lo que hay que hacer.

Nivel 2: Analice la imagen con un colega. ¿Vio algo más que tú? ¿Cómo evitar ese punto ciego con futuros proyectos?

Nivel 3: Encuentra una imagen dañada diferente e intenta arreglarla usando las herramientas y trucos aprendidos en este capítulo.

Muchas imágenes necesitan ser rotadas, pero a veces también tendrá que enderezar las imágenes. Hacer esto requiere un poco más de trabajo que simplemente girar la imagen porque necesita encontrar un borde adecuado para usarlo como guía para enderezarla. En este ejercicio, usará una función de herramienta Recortar que enderezará automáticamente la imagen. Al trabajar con imágenes escaneadas, un problema común que encontrará es el relacionado con imágenes torcidas. Esto sucede cuando las imágenes no se colocan con precisión en el escáner.

A menudo, el blanco del cristal del escáner es visible alrededor de la imagen, lo que estropea el procesamiento automático del color en Photoshop. En el siguiente ejercicio, endereza y recorta automáticamente una imagen en unos sencillos pasos utilizando la función Enderezar de la herramienta Recortar.

La barra de opciones proporciona una variedad de opciones para la herramienta Recortar, de hecho, puede:

- Seleccione ajustes preestablecidos de recorte en función de la relación de aspecto o el tamaño y la resolución.

- Introduzca e intercambie anchura y altura introduciendo las cotas o haciendo clic en las flechas para intercambiar la anchura y la altura.

- Desactive la configuración manual para el ancho y la altura del recorte.

- Enderezar la imagen utilizando los bordes horizontales y verticales de los elementos de la imagen.

- Seleccione Superposiciones de recorte para usar ayudas de composición como la regla de terceros, la sección dorada o la espiral dorada.

- Ajuste las opciones de la herramienta recortar para ajustar el funcionamiento de la herramienta Recortar.

- Seleccione Eliminar píxeles recortados para eliminar destructivamente píxeles recortados o anular su selección para recortarlos de forma no destructiva mientras almacena datos de píxeles más allá del lienzo.

Para recortar y enderezar la imagen:

1. Seleccione la herramienta Recortar.
2. Identifica un borde vertical u horizontal en la imagen como el lado de un edificio o la parte superior de un signo.
3. Para enderezar la imagen, haga clic en Desenlazar en la barra de opciones
   a. Arrastre una línea al punto de referencia vertical u horizontal que tiene
   b. Suelta el botón del ratón para enderezar la imagen y recortar los bordes.
4. Si la imagen necesita recortarse más, arrastre las esquinas o aristas.
5. En la barra de opciones, haga clic en el botón Confirmar para recortar la imagen.

El uso de la herramienta Recortar para enderezar y recortar automáticamente su imagen es una excelente manera de corregir fotos con un horizonte torcido o edificios inclinados. Este uso menos conocido de la herramienta Recortar ahorra tiempo y verás que es útil en muchas fotos, no solo para escaneos torcidos.

Ajustar los Niveles

Supongamos que tenemos una imagen que se ve "fangosa", como dicen en la industria. El problema es que muchas fotografías antiguas, con el paso del tiempo, se desvanecen y ya no tienen una buena gama de luminiscencia, contraste y equilibrio. Para cambiar el equilibrio de luminancia, puede ajustar las capas de imagen manual o automáticamente. Los ajustes manuales funcionan mejor cuando desea agregar un pequeño rango adicional a su imagen:

1. Elija Imagen> Ajustes> Capas o Pulse Control + L (Windows) o Comand + L (MacOS).
2. En el cuadro de diálogo Capas, seleccione Previsualizar primero para que pueda ver los cambios en la imagen.
3. Comience a arrastrar el cursor de entrada de sombra negra hasta que

comience a ver los datos que aparecen en el lado izquierdo del histograma como se muestra

4. Arrastra el control deslizante Resaltar entrada a los datos que aparecen en el lado derecho del histograma.

5. Arrastre el cursor de entrada de medio tono hacia la izquierda o hacia la derecha para ajustar los medios tonos en función de la imagen.

6. Haga clic en Aceptar para aceptar ajustes de nivel.

Como puede ver, puede cambiar drásticamente una imagen ajustando sus capas. Esto revelará incluso si la imagen se muestra uniformemente. Recuerde que algunas imágenes deben tener un histograma irregular para enfatizar un estado de ánimo, por lo que siempre debe considerar el uso y la intención de la imagen al ajustar las capas. Las imágenes con poca información en áreas más brillantes se denominan teclas bajas, y las imágenes sin áreas más oscuras se denominan teclas altas.

Llenado Según el Contenido

El relleno basado en contenido elimina un objeto seleccionado de una imagen y hace que Photoshop llene automáticamente el área en blanco. La función analiza el área que rodea a los píxeles que se eliminarán y, a continuación, rellena el área con píxeles similares. Puede utilizar esta función para rellenar una esquina desgarrada de una foto con la textura circundante, reconstruyendo una pared, por ejemplo. Para utilizar relleno basado en contenido:

1. Utilice la herramienta Lazo, arrastre para seleccionar el área de la imagen que desea eliminar. Seleccione el ángulo de la imagen con la esquina desgarrada.
2. Elija Editar> Rellenar
3. En el cuadro de diálogo Relleno, seleccione Contenido consciente en el menú Contenido.

4. Seleccione Ajuste de color para facilitar la mezcla de degradados (como puestas de sol) o variaciones de color en el área mezclada.

5. No cambie la configuración en el área Fusión.

6. Haga clic en Aceptar.

Después de eliminar el ángulo que falta, intente utilizar el relleno en función del contenido. El uso de relleno basado en contenido es un proceso bastante simple, pero tenga en cuenta que Photoshop no siempre puede saber a qué píxeles pertenecen, a qué se deben eliminar y cómo mezclar correctamente esos píxeles en la imagen.

Si el relleno basado en contenido no funciona bien para una tarea determinada, presione Ctrl + Z (Windows) o Comand + Z (MacOS) para cancelar la acción. A continuación, intente crear una nueva selección que varía ligeramente de la selección que utilizó anteriormente. Esto obligará a Photoshop a recalcular el relleno en función del contenido, que a menudo puede corregir cualquier resultado no deseado. Si este enfoque todavía no funciona, es posible que deba probar nuestro siguiente método, utilizando el Pincel Correctivo.

Pincel Correctivo

El relleno basado en contenido es la mejor manera de eliminar objetos o elementos grandes de una imagen, pero es un poco tedioso para pequeñas marcas y arañazos. Para correcciones pequeñas, la mejor herramienta es el pincel correctivo sobre la marcha. Esta herramienta le permite eliminar las imperfecciones de la imagen rápida y fácilmente. Para fijar imágenes con el pincel correctivo sobre la marcha:

1. Seleccione el pincel correctivo sobre la marcha

2. Pulse las teclas paréntesis izquierda y derecha [y] para ajustar el cursor. En esta situación, puede hacer que el cursor sea lo suficientemente grande como para cubrir el daño en un solo disparo. El tamaño del pincel se muestra en el cursor. Al pulsar el botón Bloq Mayús,

se enciende/desactiva el cursor de precisión que se muestra como visor. No es un error, es una característica, ¡pero puede atraparte desprevenido si accidentalmente lo presionas!

3. Arrastre el cursor del pincel sobre el elemento que desea eliminar de la imagen. Cuando suelte el ratón, intentará solucionar el problema.

El pincel correctivo sobre la marcha le mostrará una vista previa del área correcta mientras arrastra el pincel sobre la imagen. Tan pronto como lo suelte, intentará solucionar el problema en la imagen.

El pincel correctivo sobre la marcha es inteligente, pero no perfecto. Al igual que rellenar en función del contenido, si los resultados que obtienes de la herramienta no son los que quieres, deshazte de la última acción e inténtalo de nuevo. A veces basta simplemente con pintar la dirección de manera diferente para obtener el resultado deseado.

Incluso si no has completado todas las mejoras, siempre es bueno guardarlo. A lo largo de los años he aprendido que el mejor momento para guardar un archivo es cuando llegas a un punto en el que has hecho suficiente trabajo que no quieres perderlo. Mi primer profesor de informática en la escuela media me enseñó un acrónimo que es popular en la industria de la computación: SOS. Significa "Guardar a menudo, estúpido".

Hoy en día es difícil salirse con la suya con nuestro actual "políticamente correcto" en algunas escuelas, así que lo cambié a SOBS: Guardar a menudo o lamentar. Si no ahorras a menudo, eventualmente llorarás por perder horas de trabajo... a continuación, desarrollar este hábito y recordar qué acrónimo funciona para usted.

Guardaremos esta imagen como un documento de Photoshop. Photoshop Document (PSD) es el mejor formato en el que guardar un documento y guardar la imagen como documento de Photoshop:

1. Elija Archivo> Guardar como.
2. En el campo nombre de archivo (ventanas) o guardar como (macos) introduzca el nombre de archivo
3. En el menú Guardar como tipo (Windows) o Formato (MacOS), seleccione Photoshop.
4. Encuentre la ubicación donde desea guardar este documento.
5. Haga clic en Guardar.

Ya has aprendido muchas características increíbles de Photoshop, pero todo lo que has hecho hasta ahora ha sido mejorar o reparar imágenes a un estado anterior.

Capítulo 7: Niveles

Después de aprender las nociones más útiles sobre las selecciones y antes de lanzarse a las operaciones de dibujo, un paso esencial para aprender Photoshop es aprender a administrar capas. Aprender cómo funciona una capa y cómo interactúa con otras le permitirá no sólo entender el flujo de trabajo típico del software de Adobe, sino también sacar el máximo partido al diseño y la edición de fotos.

Todas las opciones para capas están contenidas en el menú Capa del mismo nombre. Tenga en cuenta también que en la columna derecha hay un panel dedicado, donde se puede acceder rápidamente a todas las funciones deseadas, incluso con la ayuda de menús contextuales.

Operaciones Básicas

Operar con capas es bastante simple. El primer paso es obviamente aprender a crear una nueva capa, a superponerse sobre el fondo en uso, una hoja blanca, transparente o una fotografía. Para crearlo, simplemente seleccione las opciones Nuevo o Nuevo en Segundo plano en el elemento Nuevo del mismo nombre en el menú Capa. Como alternativa, puede utilizar el icono adecuado en la paleta, el que se va a la izquierda de la cesta.

Una vez elegido uno de los dos comandos, se abrirá una ventana en la pantalla para definir las opciones básicas para la nueva capa. Puede elegir su nombre, por ejemplo, pero también su color de relleno. La capa puede ser transparente, incrustar un color completo o ser completamente blanca. Las siguientes opciones se refieren a los métodos de fusión: en esta coyuntura es suficiente enfatizar cómo cada método de fusión determinará un modo de superposición diferente en el nivel anterior. Por ejemplo, si elige Darken, la capa siguiente obviamente aparecerá más oscura. En la mayoría de los casos, la opción Normal es la más adecuada. Seleccione sus opciones preferidas, la capa que acaba de crear se colocará en el panel derecho. En este caso, se ha creado una capa completamente transparente.

El orden de las capas se puede cambiar simplemente moviéndolas con el ratón desde la paleta adecuada, manteniendo pulsada la tecla Hold mientras arrastra. La capa Fondo, sin embargo, está bloqueada de forma predeterminada: esto es para evitar cambios accidentales. A menudo, sin embargo, es necesario cambiarlo: simplemente haga clic en el icono de bloqueo en el panel, luego cambie las opciones como desee, como ya se ve para todas las demás capas.

Las capas individuales se pueden activar o desactivar (es decir, visibles o invisibles). Para ello, simplemente actúe sobre el icono del ojo situado a la izquierda de cada capa individual, en el panel apropiado.

Aunque las opciones de fusión de capas no estarán en profundidad, puede ser útil cambiar la opacidad de cada capa individual de inmediato. Al actuar en este control deslizante, será posible controlar el grado en porcentaje de transparencia del propio nivel, haciendo así el subyacente más o menos visible.

Puede ocurrir, tanto durante como al final de las operaciones de edición, que tenga que combinar dos o más capas para que todas estén entrelazadas en una sola capa. Para lograr esto, simplemente seleccione todos los niveles de su interés con su ratón, siempre y cuando contiguo entre sí. Después de eso, actuando desde el menú Capa o a través del menú contextual disponible con el botón derecho del ratón, simplemente elija la opción Combinar Capas.

Con el mismo proceso, podrá acceder a muchas otras opciones, como la fusión de la parte visible de las capas y mucho más. La función Duplicar capas se utiliza con frecuencia para crear copias de capas, pero también agrupar desde capas, para agrupar capas en un subconjunto, de modo que el flujo de trabajo siempre permanezca ordenado.

Opacidad y Relleno

Al trabajar con varias capas, como se ha visto anteriormente, las capas individuales se superponen entre sí. En el frente visual, por lo tanto, el último nivel cubrirá todo lo anterior, evitando así la visualización de los elementos contenidos en ellos.

Las opciones Opacidad y Relleno, identificadas en el Panel de **Capas** mediante dos controles deslizantes convenientes, le permiten hacer una capa más o menos transparente, para que las capas subyacentes puedan volver a ser visibles. Dependiendo del porcentaje aplicado, el ajuste varía de transparencia completa a opacidad total. Si se decide reducir el Relleno a un nivel sin efectos, el resultado será completamente similar a cambiar la opacidad: no parece haber ninguna diferencia. Los dos comandos, sin embargo, son similares sólo en apariencia, ya que corresponden a propósitos distintos.

¿Cuál es, como resultado, su diferencia? En general, se puede decir que el comando Opacity actúa sobre la capa en su conjunto, por lo tanto, también sobre el grado de transparencia de los efectos aplicados a la propia capa. La función Relleno, por otro lado, le permite cambiar el nivel, pero dejar estos efectos completamente sin cambios.

Este es el ajuste estándar para impresoras en América del Norte y Europa.

- Posición y tamaño: esta sección del cuadro de diálogo Imprimir especifica el tamaño por el que desea que se imprima la imagen final. Más comúnmente, imprimirás 100% para tener una idea del tamaño real de la imagen final. De vez en cuando, debe reducir o ampliar una imagen para que se ajuste al tamaño de papel imprimible. Esto es especialmente útil cuando la imagen original es demasiado grande para estar contenida en una página. Al seleccionar Ajustar a medios, la imagen cambiará automáticamente el tamaño al tamaño del papel que haya indicado (¡lo que tenga en su impresora!).

Después de personalizar la configuración del cuadro de diálogo Imprimir según sus necesidades, haga clic en Imprimir para enviar la imagen a la impresora. Los tiempos de impresión dependerán de su imagen y de la cantidad de trabajo que Photoshop necesite hacer para preparar la imagen para la impresora.

Formatos Web

Ya hemos abordado el problema del ahorro web en capítulos anteriores, pero lo hemos abordado rápidamente. Ahora abordaré algunos de los conceptos menores que no abordamos en los capítulos anteriores. En primer lugar, asegúrese de que su perfil de color de trabajo es sRGB. Este es el estándar para imágenes RGB con Photoshop y es el mejor espacio de trabajo para la web. Esto se establece de forma predeterminada al crear un documento de impresión en Photoshop, pero irónicamente no está configurado para los ajustes preestablecidos web.

Para garantizar la coherencia en lo que diseña y lo que ve en la web, establezca el espacio de trabajo en sRGB durante la configuración del documento y, a continuación, convierta en sRGB durante el guardado. Existe una idea errónea de larga data de que las imágenes web deben establecerse a una resolución de 72 píxeles por pulgada(ppi). Cuando se trata de imágenes web, la resolución realmente no importa. Las imágenes digitales en pantallas digitales mostrarán imágenes en función del número de píxeles, no de la resolución establecida cuando se creó la imagen.

Las imágenes web se reproducirán con el tamaño total de imagen establecido por la página web o la aplicación, y la resolución ppi será establecida por el dispositivo de visualización. Si miro la misma imagen web en mi teléfono y monitor, son diferentes en tamaño. Los "píxeles por pulgada" en los que se muestra una imagen estarán determinados por la resolución de la pantalla de visualización, no por la resolución del archivo de imagen.

Las imágenes fotográficas de la web deben guardarse en JPEG o PNG-24. Las imágenes JPEG son más comunes y son aceptadas por cualquier sitio web que acepte imágenes. PNG-

24 es un estándar más nuevo que tiene la ventaja de permitir la transparencia alfa, lo que significa que permite que los píxeles sean parcialmente visibles.

Los archivos JPEG son generalmente el mejor formato para guardar fotografías para la web: suelen ser de menor tamaño y ampliamente aceptadas. Al guardar para la web, la consideración principal es la configuración de calidad. Puede utilizar la vista 2-up para comparar diferentes ajustes de calidad. Veamos algunas de las principales consideraciones al guardar como JPEG:

- Configuración de calidad: puede seleccionar un ajuste de calidad bajo a máximo predeterminado, o puede establecer manualmente la calidad utilizando un valor numérico de 0 a 100. por lo general, tendrá que establecerlo visualmente en función de la imagen y el uso esperado del archivo

- Optimizado: Al seleccionar esta opción se crearán archivos más pequeños, pero algunos sistemas más antiguos pueden tener problemas para abrir archivos. Trate de borrar Optimizado en caso de problemas.

- Incrustar perfil de color: desactive esta opción a menos que tenga una razón específica para usarla. La mejor opción es convertir la imagen a sRGB.

- Convertir a sRGB: Seleccione esta opción para garantizar el color más consistente en todos los dispositivos.

- Metadatos: seleccione una opción de este menú para especificar cuánta información eliminar del archivo final. Utilice los metadatos mínimos y necesarios para que el archivo minimice el tamaño de los propios archivos.

- Tamaño de imagen: introduzca el tamaño de salida final de la imagen en estos campos. Es genéricamente la mejor práctica para reducir la imagen en Photoshop de antemano, pero si la calidad de la imagen no es crítica, normalmente funciona bien.

Después de establecer correctamente las opciones de la imagen, haga clic en Guardar. Seleccione el nombre de archivo y el destino mediante el cuadro de diálogo Guardar sistema estándar.

PNG-24 es un estándar de imagen relativamente nuevo y tiene algunas ventajas. La principal ventaja es que permite una transparencia alfa real, pero los archivos de imagen tienden a ser más grandes que los archivos JPEG, presentando una calidad excepcionalmente alta. Las imágenes finales guardadas con archivos PNG-24 suelen ser iguales a los niveles más altos de calidad de imagen JPEG. La creación de imágenes PNG-24 requiere pocos ajustes, muchos de los cuales son los mismos ajustes utilizados para las imágenes JPEG:

- Transparencia: seleccione esta opción si la imagen tiene píxeles transparentes. El tamaño de la imagen no cambia de ninguna manera. Por lo general, es mejor dejar este campo en su valor predeterminado.

- Incrustar perfil de color: Como siempre, cuando guarde para la web, desactive esta opción a menos que tenga una razón específica

- Convertir a sRGB: Seleccione esta opción para garantizar una consistencia de color óptima

- Tamaño de imagen: puede introducir valores en estos campos para cambiar el tamaño de la imagen exportada para un propósito específico. Es una buena práctica cambiar el tamaño dentro de Photoshop antes de exportar, pero la calidad es generalmente aceptable utilizando este escalado para la mayoría de los propósitos.

Al igual que con todas las opciones del cuadro de diálogo Guardar para web, una vez que haya establecido las opciones correctamente para la imagen, haga clic en Guardar. Seleccione el nombre de archivo y el destino mediante el cuadro de diálogo Guardar.

Las imágenes, como gráficos, logotipos y otras imágenes con áreas llenas de colores, se guardan mejor en formatos de archivo indexados como PNG-8 y GIF. Aunque puede estar más familiarizado con las imágenes GIF, PNG-8 es un formato más nuevo y es preferido por muchos desarrolladores web. Los formatos de imagen indexados no son de color verdadero: pueden contener hasta 256 colores. Crean archivos muy pequeños con excelente calidad ya que son el tipo correcto de imagen.

Ambos formatos de archivo hablaremos de

transparencia de soporte basado en un índice de color. Esto significa que será un color específico se hará transparente y todos los demás colores serán completamente opacos.

Para exportar un gráfico como un archivo PNG-8, seleccione PNG-8 en el menú situado en la parte superior del cuadro de diálogo Guardar para web. Hay un montón de opciones para este formato de archivo y no vamos a entrar en detalles aquí, pero recomiendo explorar las opciones con sus documentos para obtener el mejor resultado para sus imágenes. Te explicaré los conceptos básicos aquí y te animaré a probar algunas imágenes diferentes para explorar la mejor manera de que esto utilice este formato.

- El menú Algoritmo de reducción de color le permite seleccionar cómo Photoshop reduce los colores de la imagen.

- El menú Colores le permite elegir cuántos colores habrá en el archivo de imagen final.

- El menú Selector de algoritmos de difusión le permite seleccionar cómo se mezclarán los colores en la imagen.

- Transparencia: seleccione esta opción si la imagen tendrá un color transparente basado en un índice de color. Debe elegir el color transparente utilizando la tabla de colores bajo esta opción.

- Convertir a sRGB: Seleccione esta opción para garantizar una consistencia de color óptima.

- Mapa de color seleccionado en transparente: después de seleccionar el color que desea que sea transparente en la tabla de colores, haga clic en este icono para habilitar la transparencia de la imagen.

- Tamaño de imagen: introduzca valores en estos campos para cambiar el tamaño de la imagen exportada para un propósito específico. Es una buena práctica cambiar el tamaño de la imagen dentro de Photoshop antes de exportarla, pero la calidad es generalmente aceptable incluso utilizando esta exportación para la mayoría de los propósitos.

Al igual que con todas las opciones del cuadro de diálogo Guardar para web, después de establecer opciones para la imagen, haga clic en Guardar. Seleccione el nombre de archivo y el destino mediante el cuadro de diálogo Guardar estándar.

Guardar como GIF tiene la misma configuración que PNG, así que no los miraré aquí. A menos que el sistema de destino acepte archivos PNG-8, siempre es mejor preferirlos antes que los GIF. Sin embargo, el formato GIF permite animaciones y es el mejor formato para imágenes animadas en la web, ya que crea archivos muy pequeños. Si está guardando vídeos en movimiento completo, es mejor exportar al formato MP4 (pero las animaciones y la edición de vídeo van más allá del propósito de este libro). Debe saber que Photoshop es una herramienta que también es capaz de crear animaciones y actúa como editor de vídeo.

www.ingramcontent.com/pod-product-compliance
Lightning Source LLC
La Vergne TN
LVHW051712050326
832903LV00032B/4162